Una ceremonia de divorcio
Relatos sobre la celebración de nuevos comienzos
Escrito por Amanda Elsnes, PhD
Ilustrado por Natalie Martinez

CELESTIAL
DREAM PRESS

A mis hijas y a mis alumnos que siempre
son una fuente de inspiración, fortaleza,
y valentía. ¡Ellos son mi POR QUÉ!

CONTENIDO

Agradecimientos

Años después de que el divorcio llamara a nuestra puerta, una conversación con mis hijas me inspiró a escribir la versión original de este libro en 2007. Me tomó 15 años iniciar el proceso de publicación. Estaré eternamente agradecida con mi editora, Shelly Wilhelm, quien me aconsejó que revisara el concepto del libro y me brindó orientación crítica durante las revisiones y la edición. Su enfoque profesional y amable, sus contribuciones y el proceso de revisión en sí, me alentaron a cuestionarme abiertamente y escucharme a mí misma, y el libro evolucionó de forma natural.

La historia de Emilia: Mis padres ya no están juntos

Fue divertido bailar con todos en la ceremonia de divorcio de Sally y Dani. La fiesta fue distinta a la que mamá, Miguel y yo tuvimos cuando mamá y papá se divorciaron hace veinte años pero, aún así, me recordó nuestra celebración.

Yo estaba triste porque papá se había ido de casa y ya no vivía con nosotros. Todos los días lloraba cuando mamá me llevaba a mi escuela preescolar nueva.

Mamá nos leyó libros acerca del divorcio y hablamos sobre nuestro apartamento y sobre dónde se había mudado papá.

Nuestro apartamento ya no se sentía como nuestro hogar.
Entonces, creamos un plan. Fuimos a la tienda de pintura, nos
pusimos unas camisetas viejas, agarramos algunas brochas,
hicimos palomitas de maíz y té y pusimos música a todo
volumen.

Pintar me ayudó a relajarme y mamá hasta me encontró
pintando las mismas paredes cuando se suponía que yo estaba
durmiendo una siesta.

Nos tomó todo el fin de semana y regamos un poco de pintura. Pero el domingo en la noche el apartamento ya se sentía más acogedor. Después de que unos amigos llegaron con unos muebles que necesitábamos, entonces en verdad empezó a sentirse como un nuevo comienzo para los tres.

Mamá nos preguntó a Miguel y a mí si queríamos celebrar nuestro nuevo comienzo. Después de todo, las personas celebran las bodas, la llegada de bebés, trabajos nuevos, y graduaciones. ¿Por qué no celebrar un divorcio cuando también significa un nuevo comienzo?

Fue una de las mejores ideas que tuvo mamá. ¡Estábamos tan emocionados!

Nos pusimos a pensar y se nos ocurrieron maneras para celebrar. Queríamos que vinieran nuestros parientes y mejores amigos; ellos sabían que el divorcio había sido difícil para nosotros.

No queríamos que la fiesta fuera sofisticada, pero Miguel y yo queríamos hacer invitaciones y todos queríamos un pastel.

¡Mis partes favoritas de nuestra ceremonia fueron estar con tantas de las personas que quiero y comer pastel!

La historia de Miguel: La importancia de la familia y los amigos

Cuando Sally y Dani, buenos amigos de mamá, le contaron sobre su separación, hablaron sobre la ceremonia de divorcio que tuvimos cuando mis padres se divorciaron. Mamá me preguntó si podía enviarles el ensayo que escribí en la secundaria. Necesitaba pensarlo.

Cuando pensé en ello, recordé que nuestra ceremonia de divorcio nos ayudó mucho a Emilia y a mí a comprender que el final de nuestra familia como había sido en el pasado, no era el final de nuestra familia. Leí el ensayo de nuevo y decidí que mamá podía compartirlo. Esperaba que les ayudara en ese momento tan difícil.

El título de mi historia es "Una ceremonia de divorcio".

Mis padres se divorciaron cuando mi hermanita Emilia y yo estábamos muy pequeños. Nuestras vidas cambiaron de repente. Mi papá ya no vivía con nosotros y tuvimos que aprender a hacer las cosas sin él. Lo extrañábamos mucho.

Como la mayoría de los niños cuando sus padres se divorcian, pasamos por muchas emociones. A veces hasta ir a la escuela era difícil para mí. En la escuela, a través de actividades de dibujo y conversaciones, la psicóloga me ayudó a darme cuenta de que yo no había hecho nada para causar los problemas entre mis padres. En estas reuniones de apoyo aprendí que no tenía la culpa de que mis padres hubieran decidido divorciarse.

Mamá nos aseguraba todo el tiempo que sus problemas no eran culpa nuestra y que siempre nos iba a querer y a cuidar. Escuchar eso fue muy importante para nosotros mientras nos esforzábamos por aceptar el divorcio y todos los cambios que lo acompañaban.

Recordando mi propia experiencia me hizo darme cuenta de que hubo varios eventos y actividades que nos ayudaron a Emilia y a mí a aceptar, e incluso dar la bienvenida, a los cambios que se daban al comenzar esta nueva etapa de nuestras vidas.

Unas semanas después de que nuestros padres se separaran, papá vino a nuestro apartamento a recoger sus cosas para acampar, equipo fotográfico, álbumes de fotos y otras cosas de valor sentimental para él. En ese momento, de verdad sentí que él ya no iba a regresar.

En ese entonces, mi madre era estudiante de posgrado a tiempo completo y trabajaba medio tiempo. Teníamos un presupuesto limitado, así que escogimos actividades que no requerían mucho dinero. Fuimos a la ferretería y compramos pintura y todo lo necesario para pintar nuestro apartamento.

Una vez pintado el apartamento, limpiamos nuestras habitaciones, donamos
artículos que ya no queríamos y cambiamos los cuadros y dibujos que decoraban
las paredes.

La pintura fresca, los muebles y las decoraciones nuevas hicieron que nuestro
apartamento también pareciera nuevo. Todos nos divertimos mucho y nos
sentimos muy orgullosos de nuestro trabajo juntos.

A veces, después de la escuela, Emilia y
yo escribíamos en nuestros diarios. Emilia
todavía no sabía escribir, así que dibujaba,
y mamá o yo escribíamos lo que ella nos
decía alrededor de sus dibujos. Mamá,
Emilia y yo leíamos libros para niños sobre
el divorcio y cómo afecta a los padres y a
sus hijos. Mientras leíamos y hablábamos
sobre los libros, Emilia y yo hacíamos
preguntas y hablábamos de sentirnos tristes
y asustados, pero también amados.

Cada vez que mamá quería hablarnos sobre un cambio o desafío, hacía té. Era un tipo de pista que nos daba de que teníamos asuntos por resolver. Parecía que tomábamos té todo el tiempo porque había que reorganizar los horarios y Emilia tenía que empezar el preescolar para que mamá pudiera seguir trabajando y escribiendo su tesis.

Al principio, a Emilia no le gustaba el preescolar y lloraba cada vez que nos despedíamos, pero después de un par de semanas ya le gustaba mucho. Este fue uno de los cambios que resultó ser muy bueno.

Algunos días antes del divorcio oficial de mis padres, leímos un libro muy gracioso sobre el divorcio y los niños.

Después de leer y conversar acerca del libro, mamá nos preguntó si queríamos tener una pequeña ceremonia en casa para celebrar nuestras vidas y nuestro nuevo comienzo. Emilia y yo nos emocionamos mucho y empezamos a hacer una gran cantidad de preguntas. Queríamos saber si podíamos invitar a amigos y compañeros de clase y compartir nuestra celebración con ellos. Mamá dijo: "¡Esa es una idea genial!"

Nos pusimos manos a la obra organizando la ceremonia; Emilia y yo hicimos invitaciones coloridas y se las dimos a nuestros amigos para que las llevaran a sus casas. Mamá también invitó a algunos de sus compañeros de clase. Dani era mi favorito, era como un tío. La familia de mamá vivía muy lejos, por lo que no pudieron asistir a la ceremonia. Papá y su familia mantenían su distancia, excepto cuando venían a recogernos a Emilia y a mí algunos fines de semana. Nuestros amigos eran como nuestra familia y compartir la ceremonia con ellos hizo que fuera aún más especial.

Los padres de nuestros amigos nunca habían oído hablar de una ceremonia de divorcio, así que inmediatamente llamaron a mamá y le hicieron muchas preguntas. Mamá les explicó los motivos de la ceremonia: "Este es un momento muy doloroso para Miguel, Emilia y para mi. Necesitamos crear un cierre y sentir el apoyo de nuestros amigos y familiares, como cuando celebramos una boda o aniversario".

Para la fiesta, Mamá, Emilia y yo decidimos ofrecer pastel, jugo, y por supuesto, té.

Para nuestra ceremonia elegimos dos canastas pequeñas de color plata, y dos palomas grandes y dos pequeñas que cabían en mis manos. Las dos palomas grandes estaban vestidas de novia y novio. Pegamos un pequeño listón rosa en la cabeza de la palomita que representaba a Emilia y un corbatín en el cuello de la que me representaba a mí. También usamos dos velas perfumadas diferentes. Elegimos canela y lavanda.

Había un pequeño pastel decorado con algunas rosas pequeñas en rosado claro, las favoritas de mi madre. Había dos canastas. Las cuatro palomas yacían en una mientras que la otra estaba vacía. La vela de canela encendida me trajo recuerdos de pastelitos y momentos divertidos en familia. La vela de lavanda estaba junto a ella, esperando que la encendieran. Una pequeña caja rotulada "Deseos" añadía un toque de optimismo a la ocasión.

"¡Bienvenidos!" Mamá invitó a todos nuestros amigos a que se acercaran: "Miguel, Emilia y yo estamos agradecidos de que estén aquí para ayudarnos a celebrar el comienzo de esta nueva etapa de nuestras vidas. En este momento, estamos dejando atrás el pasado y damos la bienvenida a nuestro presente, nuestra nueva realidad".

Apagamos la vela de canela y encendimos la de lavanda que habíamos elegido para representar el día de hoy. Mamá dijo: "La vela de ayer era hermosa y única; la vela de hoy, aunque distinta, también es hermosa y única".

Mamá colocó con cuidado la paloma vestida de novio en la canastita vacía y nos miró: "Tu padre ahora vive en otra casa, pero todavía los ama igual. Este divorcio ha cambiado nuestras vidas; cada uno de nosotros enfrenta nuevos desafíos y oportunidades". Abrió la pequeña caja rotulada "Deseos".

La caja contenía pequeñas tarjetas coloridas, con diferentes deseos impresos en ellas. Algunas de las tarjetas estaban en blanco para que nuestros amigos pudieran escribir sus propios deseos especiales. Mamá sacó las primeras dos tarjetas.

El primer deseo que tengo para ustedes dos es el regalo de la interconexión: saber que sus amigos y familiares los quieren y los apoyan les dará raíces para sentirse seguros y alas para crecer e independizarse". Mamá nos sonrió y continuó: "Mi segundo deseo es un corazón lleno de felicidad para cada uno de ustedes. Quiero que sus vidas estén llenas de alegría".

Luego, mamá invitó a nuestros invitados a elegir un deseo para nosotros de la caja o a escribir el suyo propio.

Verónica, nos dio el deseo del amor. Dijo que el amor nos ayudaría en cada paso del viaje de la vida. Mi otro amigo, Gary, nos dio el deseo de la valentía. A él la valentía le ayudó cuando sus padres se divorciaron. Emilia y yo también recibimos otros deseos maravillosos. Recogimos las tarjetas a medida que los invitados nos fueron dando los deseos y podía sentir el apoyo de mis seres queridos a mi alrededor.

Recuerdo que la ceremonia se sentía formal, pero nos rodeaban las risas, la alegría y la emoción. Los adultos y los niños compartieron trocitos de pastel, bebieron té y jugo, hablaron sobre actividades escolares, oportunidades para compartir el transporte, citas de juego para los niños y horarios para intercambiar el cuidado de niños.

Antes de irse a casa, todos recibieron una pequeña bolsa de dulces y chicles. Le pedí a Gary y a Verónica que guardaran algunos dulces y chicles para el recreo del lunes. Gary dijo: "Está bien". Verónica susurró: "Lo intentaré". Luego se rió.

Yo sabía que esta nueva etapa en nuestras vidas nos traería nuevos desafíos. También sabía que traería nuevas oportunidades de crecimiento y aprendizaje. Y me di cuenta de lo afortunado que era por todo y todos en mi vida, incluyendo comprender que mis padres habían recibido otra oportunidad de ser felices, llevando vidas separadas.

Han pasado siete años desde el divorcio de mis padres y de nuestra ceremonia de divorcio. Aún conservo el collage que hice con las fotos de la ceremonia y los deseos que recibimos ese día. El mes pasado ayudé a Emilia a hacer una copia del collage para su cumpleaños.

Emilia y yo estamos de acuerdo en que la ceremonia nos ayudó a comenzar nuestra nueva vida. Los deseos de nuestra madre y de nuestros amigos hicieron que nos sintiéramos queridos y apoyados.

La historia de Sally y Dani: un divorcio amigable

Sally y Dani estuvieron casados diez años. Aunque se llevaban bien, se dieron cuenta de que querían cosas muy diferentes de la vida, por lo que decidieron divorciarse y seguir siendo amigos. Sabían que sus amigos y familiares estarían conmocionados y muy tristes cuando se enteraran del divorcio. Cuando Sally y Dani compartieron sus planes, mencioné la ceremonia de divorcio que organicé con mi hijo y mi hija, a la que asistió Dani.

Ofrecí preguntarle a Miguel si podía compartir la historia
que había escrito en la escuela secundaria describiendo el
evento. Después de que Sally y Dani leyeron la historia de
Miguel, Sally me envió este mensaje de texto:
"Una ceremonia de divorcio sería perfecta para nosotros,
nuestra familia y nuestros amigos". Una semana después,
recibí este correo electrónico:

Hola Amanda,

¡La historia de Miguel era exactamente lo que
necesitábamos! Tuvimos una conversación sincera con
nuestra familia y amigos más cercanos, y aunque están
decepcionados y tristes, nos han apoyado mucho. Todos
están ansiosos por contribuir a nuestra ceremonia de
divorcio y todos quieren ayudar con la comida, las bebidas,
la música, etc. Tu invitación viene adjunta y no es necesario
confirmar tu asistencia. ¡Nos vemos entonces!

Sally y Dani

¡La ceremonia de divorcio de Sally y Dani fue genial! Su familia y amigos sí que saben divertirse. La habitación estaba decorada con flores frescas, y una pancarta enorme que decía "Día de desenganche" saludaba a los invitados. La banda tocaba música con la que no podías dejar de bailar. Los recuerdos de la fiesta incluían una foto de Sally conduciendo una motocicleta y Dani conduciendo su viejo auto en la dirección opuesta.

Jim, nuestro amigo y excompañero de clase, inició la ceremonia como si oficiara una boda, pero en broma. Hizo como si las palomitas volaran hacia sus canastas separadas y, con voz de presentador de un programa de juegos, leyó cada deseo que los invitados escogían para Sally y Dani. Al final de la ceremonia, gritó: "¡Qué comience la música!". La banda empezó a tocar y todos empezaron a bailar.

La historia de Emilia: Una ceremonia de ruptura para mi hermano

Estaba ayudando a mamá a limpiar los armarios de la cocina cuando encontré una pequeña canasta plateada.

¡Mira, mamá! ¿No es esta la canastita que usamos en la ceremonia cuando tú y papá se divorciaron?

"¡Sí, y todavía tiene las palomitas adentro!" respondió ella.

"El fin de semana pasado, en la ceremonia de divorcio de Sally y Dani, pensé que era probable que Miguel fuera el único invitado que no se estaba divirtiendo. Tal vez deberíamos organizar una ceremonia de ruptura de relaciones para él"—le dije. La idea empezaba a entusiasmarme. "Se ve tan desconsolado y deprimido desde que Polly rompió con él. Nunca esperé que lo engañara y lo dejara como si fuera una papa caliente. Ella siempre fue tan dulce y amorosa con él. Nuestros amigos todavía están enojados por la forma en que lo dejó. Tenemos que ayudarlo a superarla para que salga adelante".

"Será mejor que le preguntes antes de empezar a organizar algo, ¿de acuerdo?", mamá dijo.

Así que llamé a Miguel. Después de un poco de plática entre hermanos, le pregunté: "Miguel, ¿qué te parece si organizamos una ceremonia divertida de ruptura para ti?".

"¿Quieres decir, como la que tuvimos en casa cuando mamá y papá se divorciaron? Eso es una locura, no me estoy divorciando", dijo tajante.

"Se ve que todavía estás herido y enojado. Terminar una relación es muy difícil. Lo entiendo. Sé lo que se siente, pero si lo piensas, la ceremonia es una oportunidad para reunirte con tus seres queridos en un momento de tu vida en el que necesitas apoyo".

"Polly y yo estuvimos juntos durante más de tres años, íbamos a casarnos. Todavía no puedo creer que me dejó".

"Miguel, Polly te dejó hace tres meses. Tienes que superarlo y creo que una ceremonia con todos nuestros amigos en verdad podría ayudarte" —repetí.

"Lo sé; tienes razón. Necesito ver a mis amigos. De acuerdo, si vas a organizar una reunión y hacer la ceremonia, divirtámonos un poco", a Miguel le estaba empezando a gustar la idea. "Quiero que el tema de la fiesta sea '¡Supervivencia!' Y no quiero palomitas en la canasta. Quiero águilas en un nido. Oye, tal vez podríamos hacer la reunión en una cabaña en las montañas y podemos recibir clases de baile country en línea o de salsa".

"¡Así se habla! Piensa en más ideas", le dije. Voy a llamar a tu grupo.

Organizamos la fiesta en menos de una semana, gracias a la ayuda de nuestros amigos. El proceso fue como terapia para Miguel. Las pláticas que tuvo con sus amigos sobre la organización de la fiesta se entrelazaron con comentarios sobre su ruptura y el apoyo incondicional de sus amigos. Definitivamente esas conversaciones le ayudaron mucho a Miguel.

La fiesta comenzó con la ceremonia de ruptura. Había un arreglo floral de aves del paraíso de decoración, un pastel de terciopelo rojo grande y delicioso, una pequeña caja con la etiqueta "Deseos" y, a petición de Miguel, una réplica de un nido con dos pequeñas águilas anidadas dentro. José, el mejor amigo de Miguel, dio inicio a la ceremonia.

Mientras apagaba la vela con aroma a algodón de azúcar y encendía la vela con aroma a ron oscuro, exclamó: "Que el pasado sea pasado, y que empiece el próximo capítulo divertido de tu vida". Luego, sacó una de las águilas del nido y la hizo volar, colocándola en la rama de un árbol cercano. Los invitados dijeron en broma: "¡Buen viaje! ¡Adiós! ¡Hasta nunca!"

Luego, se les pidió elegir o escribir una tarjeta de deseos para Miguel y leerla en voz alta. Un brindis y ruidosos aplausos les seguían a cada uno. Mi favorito fue cuando Steve, que suele ser muy tímido, brindó por Miguel y dijo: "El deseo que elijo para ti esta noche es el perdón. Lo necesitarás para realmente dejar atrás el pasado y empezar de nuevo, sin que te agobien la ira y el resentimiento".

Después de que los invitados dijeron sus deseos para Miguel, se cortó el pastel y comenzó a tocar la banda. Liz inmediatamente invitó a Miguel a bailar y todos los seguimos a la pista de baile.

Interconexión
Amor
Serenidad
Recuperación
Optimismo
Amor Propio

Actitud Positiva
Asertividad
Valentía
Felicidad
Tenacidad
Compasión

Nota para padres

Una invitación para pausar para aceptar el divorcio, y brindar reconocimiento y cierre para todos los involucrados

Estimados padres de familia,

Las experiencias de los niños varían al enfrentarse al divorcio de sus padres, e incluso es probable que hermanos en el mismo hogar perciban la situación de manera diferente, de acuerdo con su personalidad y relaciones, entre otros factores. Al mismo tiempo, algunas de las emociones más comunes que pueden sentir los niños, conforme la familia atraviesa los cambios que acompañan a un divorcio, involucran sentimientos de pérdida e incertidumbre sobre su presente y su futuro. Lo ideal es que los padres que se divorcian se esfuercen por dedicar parte de sus energías a ayudar a sus hijos a lidiar con los cambios y desafíos que enfrentan. Ayudar a los niños a sobrellevar el divorcio de sus padres implica crear oportunidades para que puedan hacer un cierre y, al mismo tiempo, hacer que se sientan seguros, amados, y protegidos dentro de su nueva realidad familiar.

Muchos años después de mi divorcio, mientras recordaba acontecimientos de nuestras vidas con mis hijas, hablamos sobre algunas de las actividades que nos ayudaron a sobrellevar el divorcio en nuestro hogar. Nuestra conversación me permitió darme cuenta de que la ceremonia sencilla que celebramos el día que se firmó mi divorcio tuvo un efecto muy positivo en cada uno de nosotros a nivel individual y como familia, lo que a su vez me inspiró a escribir este libro.

Un divorcio es un evento que nos cambia profundamente. Sin importar cuánto control tengamos sobre las circunstancias, podemos elegir cómo reaccionar ante ellas, siempre tomando en cuenta que nuestros hijos están observando y aprendiendo. Mi esperanza es que leer este libro sea tan entretenido como informativo, y que también inspire a aquellos de ustedes que están pasando por un divorcio o una ruptura a organizar su propia ceremonia en la que se detengan a reflexionar, aceptar, y celebrar sus nuevos comienzos con sus hijos, familia y amigos.

Les deseo toda la fuerza, sabiduría, valentía, alegría y amor que necesitan para enfrentar los cambios, desafíos y oportunidades de su nueva vida.

Con cariño,

Amanda

Nota para hombres y mujeres que atraviesan un divorcio sin hijos

Aunque la ceremonia de divorcio original, como se describe aquí, tenía la intención de ayudar a los padres de familia a brindarles a sus hijos un cierre, tranquilidad y validación, creo que una ceremonia similar puede tener el mismo efecto positivo en cualquier persona que se divorcia o sufre una ruptura dolorosa. Alcanzar el cierre, al compartir el evento significativo con amigos y familiares y sentir su apoyo, podría ser la oportunidad perfecta para que todos expresen deseos optimistas y alentadores, cuando la persona que esté enfrentando una ruptura comienza una nueva vida.

Kit para la ceremonia de divorcio

Si planeas tener tu propia ceremonia de divorcio/ruptura, recomiendo reunir los elementos descritos a continuación y, por supuesto, modificarlos según sea necesario para personalizarlos.

- Dos velas con aromas distintos

- Dos canastas pequeñas

- Dos palomas grandes para la pareja y una pequeña para cada niño

- Una caja con tarjetas de deseos impresos y algunas tarjetas en blanco (las tarjetas de deseos están incluidas en el libro, y disponibles, en forma expandida, gratis en el internet).

- Regalitos de fiesta: dulces, fotos de la familia y/o un recuerdo

Biografía de Amanda Elsnes

La Dra. Elsnes está orgullosa de trabajar en una escuela preparatoria alternativa en Boulder, Colorado, Estados Unidos, donde la enseñanza y el aprendizaje van de la mano con la inclusión y la individualización. Obtuvo una licenciatura y una maestría de la Universidad del Norte de Arizona y posee un doctorado  en educación multicultural bilingüe de la Universidad de Colorado en Boulder, y en el año 2022, recibió un premio de CO-CABE como la maestra de secundaria/preparatoria bilingüe del año. Vive con sus dos hijas, Lucía y Allison, y Texas, su perrita chihuahua. Le encanta bailar country, correr y perseguir sus sueños porque la mantiene enamorada de la vida. Amanda está disponible para charlas de libros en persona y virtuales. Para ponerse en contacto con Amanda, escriba a: elsnes@colorado.edu.

¡MI DESEO PARA TI!

Unidad

Para:

De:

¡MI DESEO PARA TI!

Felicidad

Para:

De:

¡MI DESEO PARA TI!

Amor

Para:

De:

¡MI DESEO PARA TI! !

Valentía

Para:

De:

¡MI DESEO PARA TI!

Sé amable contigo mismo

Para:

De:

¡MI DESEO PARA TI!

Amistad

Para:

De:

¡MI DESEO PARA TI!

Tenacidad

Para:

De:

¡MI DESEO PARA TI!

Ámate a ti mismo

Para:

De:

¡MI DESEO PARA TI!

Asertividad

Para:

De:

¡MI DESEO PARA TI!

Franqueza

Para:

De:

¡MI DESEO PARA TI!

Gratitud

Para:

De:

¡MI DESEO PARA TI!

Alegria

Para:

De:

Para obtener una versión imprimible de las tarjetas de deseos, vaya a: https://tinyurl.com/span-wishcards